Frauke Michalski

Fensterbilder Lustige Tiere

FALKEN

Bei FALKEN sind zum Thema Fensterbilder zahlreiche weitere Bücher erschienen. Fragen Sie im Bastelgeschäft oder im Buchhandel nach den FALKEN Hobbybüchern.

ISBN 3 8068 5210 3

Titelbild und Fotos: Fotodesign Achim Kalk, Kelkheim
Reinzeichnungen des Vorlagebogens: Ulrike Hoffmann, Bodenheim
Layout: Design Christiane Rauert, Dortmund

Satz: Dinges & Frick GmbH, Wiesbaden
Druck: U. E. Sebald GmbH, Nürnberg

817 2635 44

INHALT

Katzen, Mäuse, Enten, Gänse und viele andere Tiere aus Feld, Wald und Wiese haben sich besonders fein gemacht, um in die bunte Galerie der Fensterbilder von Maus & Co aufgenommen zu werden

MATERIALIEN

Tonkarton

Die in diesem Buch gearbeiteten Fensterbilder sind ausschließlich aus leichtem Tonkarton der Stärken 170 g oder 200 g gearbeitet. Der Karton ist in über 40 brillanten, fein abgestuften Farbtönen erhältlich. Das nebenstehende Foto zeigt Ihnen eine kleine Auswahl aus dem großen Angebot.

Hilfsmittel

Obwohl das Material holzfrei ist und sich leicht schneiden läßt, sollten Sie nicht auf gutes Handwerkszeug verzichten. Für den fleißigen Bastler lohnt sich bestimmt die Anschaffung einer Silhouettenschere, zum Ausschneiden kleiner Innenteile eignet sich ein Bastelmesser (mit wiederanschärfbarer Klinge). Es sind mehrere gute Messer auf dem Markt, deshalb sollte man sie ausprobieren. Von den üblicherweise verwendeten Cuttern (mit abbrechbarer Klinge) möchte ich erstens aus Sicherheitsgründen und zweitens vom Handling her abraten. Ausschneiden sollte nicht zu einem Kraftakt werden, sondern leicht von der Hand gehen und Spaß machen.
Wenn Sie sich die Arbeit noch mehr erleichtern wollen, schaffen Sie sich für die Schneidearbeiten eine Kautschukunterlage (wiederverschließbare Oberfläche circa 3 mm dick) an, aber eine dicke Pappe tut es für den Anfang auch.
Noch ein Tip fürs Kleben: verwenden Sie Pritt Bastelkleber lösemittelfrei. Zum Kopieren der Vorlagen benötigen Sie ferner Transparentpapier, es genügt aber auch Butterbrotpapier. Radiergummi und Bleistift haben Sie sicherlich im Hause, empfehlenswert ist jedoch die Anschaffung eines Bleistifts der Härte HB und 7B (siehe Technik).
Ist Ihr Fensterbild fertig, so befestigen Sie mit einer dünnen Nadel noch einen weißen Nähgarnfaden als Aufhängung.

Pritt Bastelkleber lösemittelfrei ist für Papier- und Kartonklebearbeiten besonders geeignet

Viele der benötigten Materialien haben Sie sicherlich schon zu Hause, doch sollten Sie sich vor dem Beginn der Bastelarbeit eine Materialliste zusammenstellen und eventuell Fehlendes noch besorgen

KNIFFE UND TRICKS

Abreibepunkte

Das Malen exakter Augen ist nicht jedermanns Sache, und ein einfacher Filzstiftpunkt bleicht sehr schnell aus. Verwenden Sie deshalb für die einfachen Punktaugen Anreibepunkte, die es in verschiedenen Größen gibt.

Lackkarton

Um einzelne Teile eines Fensterbildes hervorzuheben, basteln Sie sie doch einmal in Lackkarton oder -papier. Durch den Hochglanz fallen diese Teile dann besonders auf und geben dem Fensterbild eine ganz persönliche Note.

Schablonen

Das Anfertigen von festen Schablonen lohnt sich immer dann, wenn Sie ein Motiv gern mehrmals basteln möchten, zum Beispiel als Preise beim Kindergeburtstag. Verwenden Sie zum Abmalen Transparentpapier und hinterkleben dieses dann mit einer Folie. So gefertigte Schablonen sind sehr stabil und randscharf.

Übertragen der Vorlage

Mit Hilfe von Transparentpapier ist das Übertragen der Vorlagen ein Kinderspiel. Sie legen Transparentpapier auf den Vorlagebogen und fahren mit einem weichen Bleistift alle Linien des Motivs nach. Dann das Transparentpapier abnehmen und seitenverkehrt auf den ausgewählten Tonkarton legen. Mit einem harten Bleistift nochmal die entsprechenden Linien nachzeichnen, dabei wird das Graphit auf den Karton „abgerieben".

Zunächst die Vorlage durchzeichnen, dann seitenverkehrt auf den Karton „abreiben"

Anreibepunkte gibt es in verschiedenen Größen, ideal für große und kleine Tieraugen

Kleben

Das Kleben besonders feiner Teile verlangt etwas Übung. Hervorquellenden Klebstoff und Kleberänder vermeiden Sie durch die sparsame Verwendung von Pritt Bastelkleber lösemittelfrei. Den Klebstoff nicht flächig, sondern nur punktuell auftragen.

Keine Angst vor der eigenen Kreativität

Wenn Ihnen das Basteln mit Pappe und Papier nicht unbekannt ist und Sie schon einige Fensterbilder hergestellt haben, wird sicherlich auch bei Ihnen der Wunsch aufkommen, etwas an den Bildern zu verändern und nicht nur das Gezeigte nachzumachen. Allein durch die Farbgestaltung können unterschiedliche Wirkungen der Motive erzielt werden. Besonders warme, feurige Bilder entstehen aus rotem, orangen oder gelben Tonkarton. Mit Blau, Türkis und Violett erzielen Sie eine kühle Ausstrahlung des Fensterbildes, während die Farben Grün, Braun und Ocker für sehr neutrale Kreationen, Pastelltöne für freundliche Sommerbilder geeignet sind. Die Würmchen aus dem Mobile von Seite 29 verdeutlichen die unterschiedliche Wirkung desselben Motivs in verschiedenen Farben. Die enorme Farbfülle der angebotenen Kartonsorten ermöglicht auch feine Farbabstufungen, so daß die Tiefenwirkung der übereinander geklebten Einzelteile noch stärker betont wird.

Verändern der gezeigten Motive

Aber nicht nur durch die Farbgebung läßt sich ein Motiv verändern, verkleinern oder vergrößern Sie doch einmal Ihr Lieblingstier. In diesem Buch finden Sie verschiedene Fenstermobiles, kombiniert aus drei bis sechs verkleinerten Tiermotiven. Wer Lust hat, kann zum Beispiel noch ein Eulen- oder ein Entenmobile (Motive auf Seite 10 und 18) zusammenstellen.

Am Beispiel von Ottokar (Motiv Seite 18) können Sie sehen, wie einfach ein Motiv durch die Verwendung von unterschiedlichen Accessoires verändert werden kann. Nach dem Prinzip der früher viel verwendeten Anziehpuppen aus Papier erhielt Ottokar seine Kleidung.

DIE TECHNIK

Die Technik ist sehr einfach, so daß etwas ältere Kinder ihr eigenes Fensterbild basteln können

Bevor Sie mit dem Motiv beginnen, legen Sie sich die benötigten Materialien bereit, denn dann ist Ihr Fensterbild in kürzester Zeit fertig, und Sie werden sicherlich noch ein weiteres Motiv arbeiten.

Legen Sie ein Blatt Transparentpapier auf den Vorlagebogen und zeichnen Sie alle Einzelteile darauf ab (1). Hinterkleben Sie nun das Transparentpapier mit einer Klebefolie, dann erst die Schablonenteile ausschneiden. So gefertigte Schablonen sind lange haltbar und fransen an den Kanten nicht aus (2).

Für das Eulenmotiv benötigen Sie Tonkarton in fünf verschiedenen Farben. Zeichnen Sie alle Teile in der richtigen Anzahl auf den entsprechenden Karton und schneiden die Teile aus (3). Zeichnung 4 zeigt Ihnen alle ausgeschnittenen Motivteile. Kleben Sie den Kopf zuerst zusammen (punktkleben, nicht flächig!). Die Augen leicht unter das Gesichtsteil schieben, damit die Eule plastischer wirkt (4).

Für den Rumpf die Flügel und die Brustfedern in der Punktklebetechnik mit Pritt Bastelkleber lösemittelfrei übereinander setzen (5), anschließend fügen Sie Kopf und Rumpf zusammen, die Füße nicht vergessen. Die Pupillen der Augen können Sie aufmalen oder abreiben (6).

Nun fehlt nur noch das Rückenteil. Es erhöht nicht nur die plastische Wirkung der Eule, sondern verstärkt gleichzeitig das Loch für die Aufhängung (7). Abschließend mit einer Nähnadel ein kleines Loch stechen und den Faden zum Aufhängen des Fensterbildes durchziehen.

Abb. 1

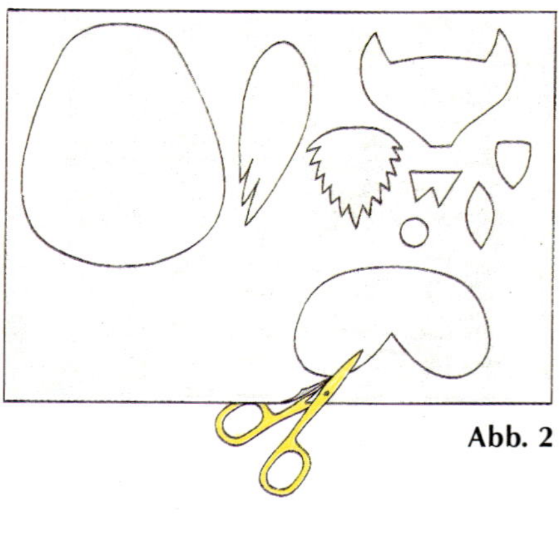

Abb. 2

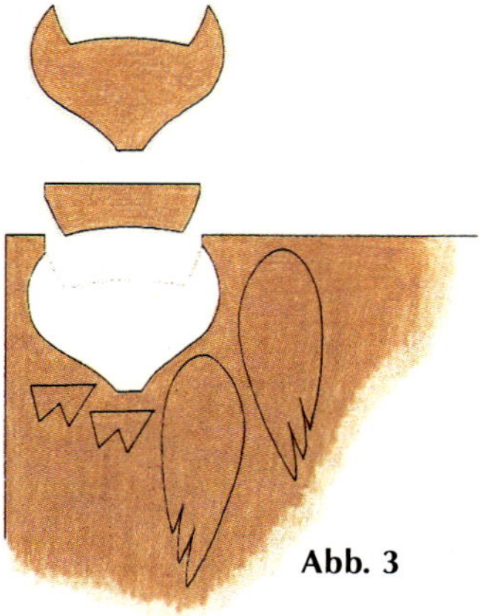

Abb. 3

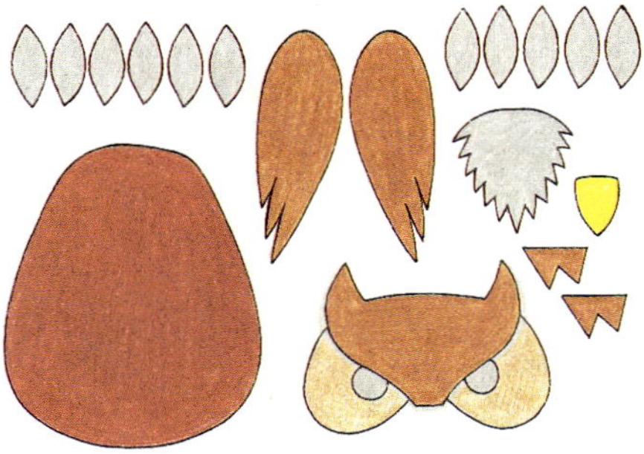

Abb. 4

Abb. 5

Abb. 6

Abb. 7

Von vorn und von hinten präsentiert sich hier nun die fertige Eule. Durch das Übereinanderkleben der verschieden farblich abgestuften Schnitteile wirkt das Federkleid sogar recht plastisch und lebendig

Auch in der Natur wechseln manche Eulen die Farbe ihres Federkleides. Für diese Eule wurde Tonkarton in verschiedenen Grüntönen gewählt. Die Pupillen wurden aber auch wieder mit Abreibepunkten auf den hellen Augengrund gesetzt

MAUS & CO

KÄSEMÄUSE

Verzagen Sie nicht beim Aufzeichnen, Ausschneiden und Kleben dieses Fensterbildes. Es sieht komplizierter aus, als es ist, und lebt durch den Gag, daß dort, wo auf der einen Seite ein Hinterteil zu sehen ist, auf der anderen Seite der Kopf herausragt, und umgekehrt. Die obere, sitzende Maus ist beidseitig gleich gearbeitet.

Diese Bastelarbeit wird Sie, durch ihre Wirkung auf den Betrachter, sicherlich für die Mühen entschädigen. Ein Fensterbild, um das Sie beneidet werden

FELIX, DER LUFTIKUS

Da hebt er ab, der Felix. Man sieht es ihm an, der Windstoß kam plötzlich. Die Luftballonfäden sind aus 2 mm breitem Karton gearbeitet. Schneiden Sie die Streifen nach der Vorlage, denn so läßt sich alles leichter verarbeiten, als wenn Sie 3 Streifen miteinander verkleben müssen

MAUS UND MÄUSERICH

Verbunden mit einem Herz tänzeln diese Mäuse untereinander. Die Grundmaus ist identisch, nur die Kleidung ist unterschiedlich, so wie früher bei den Anziehpuppen aus Papier

„IT'S TEA-TIME"

Teezeit möchte man beim Betrachten dieses Fensterbildes sagen. Die Mäuseform ist auch hier wieder gleich, so daß der Bastler seine Kreativität den Gefäßen widmen kann. Die Farbgebung ist nur ein Beispiel, durch die Verwendung von Punkten, Streifen und Sternchen lassen sie sich immer verändern.

KATZEN PAUL UND WALLY

Zwei gleiche Motive, die nur durch kleine Veränderungen unterschiedlich aussehen. Hier haben Sie als Katzenhalter die Möglichkeit, einmal die eigene Katze in der entsprechenden Farbgebung zu arbeiten. Sie können auch die Grundfarbe mit anderen Farben kombinieren und ein ganz tolles Katzenfenster gestalten

KATZE KNURR

Ein einfaches Motiv, das dem Betrachter durch den buschigen Schwanz sofort signalisiert: Achtung, bin knurrig.

Diese Katze, mit glattem Schwanz und aus Glanzkarton gearbeitet, sieht natürlich viel freundlicher und verspielter aus

OTTOKAR, DIE ENTE

Mit einer Blüte am Schopf geht Ottokar zum Tanz in den Mai, mit Sonnenbrille und Schwimmreifen watschelt er zum Strand

An diesem Beispiel habe ich einmal gezeigt, wie man durch Austauschen von Accessoires ein Bild total verändern kann. Ottokar hat sich zu jeder Jahreszeit passend gekleidet

Zu beachten ist, daß ein Fuß auf die Vorderseite und ein Fuß auf die Rückseite geklebt wird, damit Ottokar plastisch wirkt. Sonst so verfahren, daß beide Seiten identisch sind

Jetzt wird es kalt und regnerisch, der Herbst ist ins Land gezogen. Auch Eis und Schnee können Ottokar nichts anhaben, denn er trägt Schal und Pelzmütze

GUSTL GANS

Ein ganz einfaches Motiv, klare Formen und einfach auszuschneiden. Durch Verändern der Schleife lassen sich wieder unterschiedliche Wirkungen erzielen.

Nehmen Sie doch einmal anstatt Karton ein Stück Schleifenband (siehe Foto) und verpassen Gustl eine richtige Schleife oder eine Fliege aus Lackkarton

FUCHS MIT ENTEN-JOCKEY

Originell in der Aussage, da in dieser Form völlig undenkbar, bringt dies Motiv etwas Witz in jedes Fenster.

Wer möchte, kann das Motiv mehrfach für ein Mobile arbeiten, dann tragen die Jockeys unterschiedliche Kleidung

PAULI, DER MAULWURF

Der Maulwurf gewinnt an Plastizität, wenn die rosafarbenen Hände und Füße nicht ganz deckungsgleich aufgeklebt werden

DER MAULWURFS-HÜGEL

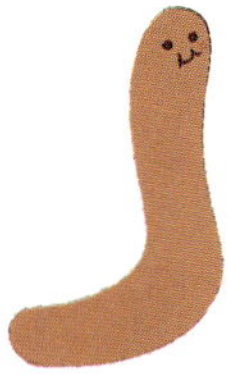

Dieses originelle Mobile ist im Zuschnitt der Kleinteile ein wenig aufwendiger, aber die Arbeit lohnt sich, die Wirkung ist einfach Spitze. Vorder- und Rückseite unterscheiden sich, auf der einen Seite kriecht ein Regenwurm, die Rückseite (hier leider nicht zu sehen) erhielt einen zusätzlichen „Pauli"

MANOLITO, DER HASE

Zu beachten bei Manolito ist nur, daß er einen Wuschelschwanz und ein Haartoupet auf die Kehrseite geklebt bekommt. Die Hinterläufe werden ebenfalls von hinten aufgeklebt, die Hauptgestaltung aber spielt sich auf der Vorderseite ab. Manolito eignet sich, um unsere „Kleinen" ans Zähneputzen zu erinnern

Dieser Teddy, dem Urteddy sehr nahe, ist wirklich einfach zu arbeiten, schnell ausgeschnitten und zusammengeklebt.

Die Rückseite braucht bei Fertigstellung nicht berücksichtigt werden, da diese beim Teddy einfarbig ist

PETERLE

RASMUS, DER IGEL

Rasmus ist auf Futtersuche, mal mit Apfel, mal mit Birne

Dieses sehr einfache, großformige Motiv läßt sich auch als Mobile verwirklichen und ist schon für kleine Bastler geeignet

Dieses witzige Froschmotiv lebt durch die kleinen Details. Mund und Nase werden aufgemalt, die Blüte erscheint ebenso auf der Rückseite.

Hier lassen sich sicherlich unterschiedliche Farbkombinationen verwirklichen, der Kreativität des Bastlers sind keine Grenzen gesetzt

OTTO, DER FROSCH

DIE FLEISSIGEN GÄRTNER

Lustig und farbenfroh dreht sich dieses Mobile im Raum. Die Würmchen als Gärtner sollen zeigen, wie wichtig Regenwürmer für die Ökologie des Bodens sind. Die Gesichter werden mit Filzstift aufgemalt, auf der Rückseite werden nur ganz schmale Schürzenbänder und der typische Gärtnerhut aufgeklebt

SCHMETTERLING UND BLÜTEN

Einfarbiges Schmetterlingsmotiv, das durch die farbenfrohen Blüten erst richtig zur Geltung kommt. Auch hier gilt, probieren Sie doch einmal etwas Neues aus: kleben Sie farbiges Transparentpapier in die Flügel, oder hängen Sie farblich unterschiedliche Blüten unter den freundlichen „Flattermann“

JETZT WIRD ES GRUSELIG

Gespenst und Fledermaus (Batman) jeweils aus einer Farbe, arbeiten schon die Kindergartenkinder gern. Einzeln oder zusammen, untereinander oder nebeneinander hängend, können beliebig viele Motive miteinander verbunden werden

DAS GESPENSTER-SCHLOSS

Ein Fensterbild, an dem alle ihren Spaß haben werden. Die Fledermaus vor dem Mond ist auch auf der Rückseite des Motivs. Die Gespenster im Fenster und im Tor sind nur als Kopfmotiv zwischen die beiden Schloßteile geklebt. Auch hier gilt das Motto: dies ist nur ein Beispiel, experimentieren Sie mit Farben, das Mobile verändert dann seine Ausdrucksform

SCHÖNES HOBBY

Weitere Titel zum Thema „Fensterbilder":

ISBN: 3-8068-**519**

ISBN: 3-8068-**5158**-9

ISBN: 3-8068-**5186**-3

ISBN: 3-8068-**5210**-3

ISBN: 3-8068-**518**

ISBN: 3-8068-**5169**-7

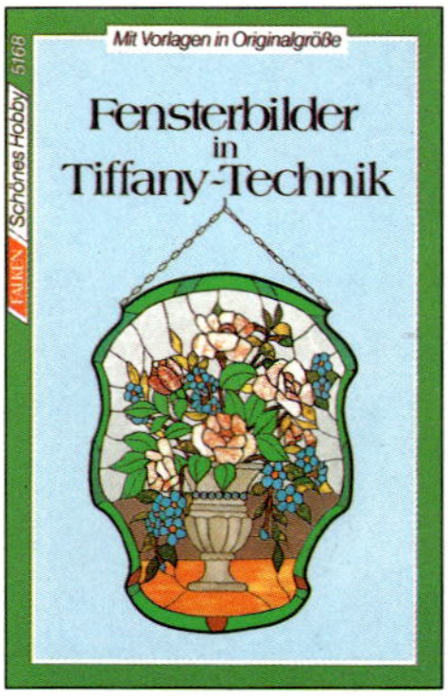

ISBN: 3-8068-**5168**-9

ISBN: 3-8068-**5185**-7

ISBN: 3-8068-**521**

FALKEN

Der Spezialist für nützliche Bücher